PROPAGATION ET RÉALISATION

DE LA

SCIENCE SOCIALE.

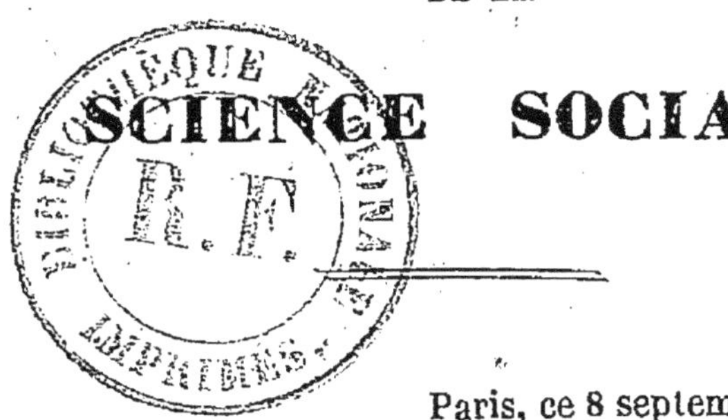

Paris, ce 8 septembre 1848.

Quelques semaines à peine se sont écoulées depuis que nous adressions aux amis de la cause sociale un appel énergique.

La situation est terrible, décisive, disions-nous: «Plus » de travail, plus de confiance : la vieille société se sent » mourir. Chaque jour le flot de la misère qui monte, » le sentiment du droit qui s'exalte, impriment à la » crise une rapidité plus terrible. Demain, cette crise, » suivant sa direction, s'appellera famine, banqueroute, » suicide social ou radieuse transformation! . . » . . . . Hâtons-nous d'arracher le peuple aux agita- » tions stériles; groupons-le autour du drapeau de l'as- » sociation; que chaque travailleur, homme ou femme, » devienne un apôtre, un soldat de la fraternité. Pro- » clamons, organisons la révolution sociale. »

Et passant aussitôt de la théorie à la pratique, nous dessinions à grands traits le plan d'une société po- pulaire de propagation et de réalisation de la science sociale.

Notre appel a été entendu; de tous les points de la société il nous est venu des adhésions chaleureuses à l'heure qu'il est, nous touchons à l'exécution.

Un comité de direction provisoire s'est constitué; des

cadres d'enrôlement ont été formés, et déjà plusieurs centaines de citoyens se déclarent prêts à commencer la campagne.

Jamais pensée n'a été mieux comprise, et accueillie avec une conviction plus prompte et plus décidée.

« Votre entreprise est féconde, vous avez frappé juste, » nous sommes à vous sans réserve » : voilà, sur notre œuvre, le résumé de toutes les opinions, l'expression de tous les sentiments.

En effet, que voulons-nous ?— Chose inouïe en France, jusqu'à ce jour, nous voulons organiser l'agitation pacifique des idées.

De tous les membres épars et incohérents de la démocratie sociale, nous voulons faire un vrai parti, compact, unanime dans le but et dans les moyens, et marchant au triomphe de ses principes, non plus par l'émeute, la confusion, la violence, mais par l'exercice intelligent et puissant de ses libertés politiques et par la pratique de la fraternité.

Aujourd'hui, plus que jamais, nous sentons, nous voyons clairement que toute autre voie conduirait le peuple et la liberté à un abîme, tandis que celle-là les mène sûrement et rapidement à la victoire.

Qu'on nous comprenne bien : Ce n'est pas une société secrète que nous formons : nous n'avons rien à cacher ; nous marchons sous les yeux de tous, à la lumière du soleil. Aussitôt que notre centre matériel sera créé, nous nous hâterons, pour garantir notre existence, d'accomplir les prescriptions légales.

Nous n'organisons pas une conspiration : notre amour, notre sang sont à la République du suffrage universel, ce premier gouvernement légitime qui ait paru sur la face du monde; mais nous organisons une croisade contre l'iniquité sociale, et comme nos pères du XIIe siècle, nous avons pour cri de combat : Dieu le veut, Dieu le veut !

De plus, profondément convaincus que, désormais, la victoire est acquise à la logique et au droit, nous repoussons énergiquement toute violence matérielle; nous croyons que l'émeute ne servirait maintenant qu'aux ennemis du peuple, et en preuve de la sincérité de nos déclarations, un article du réglement intérieur de la société sera ainsi conçu : « Tout membre de la société, qui prendrait part à » une émeute, serait immédiatement exclu. »

La propagande infatigable de la parole et de la plume, l'agitation organisée, la contagion des bonnes œuvres : voilà nos armes.

Mais, ceci bien posé, nous le déclarons hardîment, nous ne comptons pas au nombre des républicains *satisfaits*.

Le gouvernement républicain est pour nous une forme, un instrument ; la démocratie sociale, voilà le but. Nous sommes, quant aux institutions sociales, radicalement *démolisseurs*, démolisseurs jusqu'à l'utopie de la JUSTICE ABSOLUE. Si nous prenons, pour y arriver, la voie de l'agitation pacifique, c'est parce que nous regardons cette voie comme la plus révolutionnaire et la plus courte ; et si nous faisons appel à tous les socialistes, loin de demander à chacun le sacrifice de sa foi et de son idéal, nous les adjurons seulement de mettre en commun avec nous leurs efforts et leur dévouement, afin de réaliser ce qui est *vrai* et *possible* pour tous aujourd'hui, et afin de marcher plus sûrement vers ce qui sera possible demain.

PLAN DE LA SOCIÉTÉ.

Voici l'exposé sommaire de notre œuvre :

Nous fondons une société populaire de propagation et de réalisation de la science sociale.

LA PROPAGATION aura pour instruments :

UN JOURNAL POPULAIRE paraissant une fois par semaine.

DES BROCHURES d'un prix très minime (de 1 à 5 sous).

DES CONFÉRENCES POPULAIRES sur la science sociale, dans les différents quartiers de Paris, et peu à peu dans tous les départements.

LA RÉALISATION procédera de la manière suivante :

Organisation de secours mutuels entre tous les associés ;

Affiliation de toutes les associations et corporations d'ouvriers afin d'assurer à chacune un travail plus abondant, et afin de donner pour consommateurs tous les membres de la société à chaque industrie qui s'y rattachera.

Création d'une caisse d'épargne pour fournir aux travailleurs le crédit gratuit et des secours en temps de chômage.

Fondation successive à l'aide de cette caisse :

Des bons de consommation ;

D'une banque écossaise ;

D'une banque d'échange ;

De comptoirs communaux ou bazars industriels ;

De boulangeries, boucheries, fruiteries, épiceries sociétaires ;

D'établissements pour l'association domestique des ménages et de la consommation.

Enfin, lorsque les ressources de la société le permettront :

Essai de colonies agricoles et industrielles.

Voilà le cadre général.

Entrons dans quelques détails.

Le nombre des associés est illimité.

Les femmes, comme les hommes, sont admises au nombre des associés.

(Voir un peu plus loin les conditions d'admission, page 5.)

La société forme une grande unité.

Cette unité est intellectuelle et matérielle.

L'unité intellectuelle réside dans la conformité des opinions et des sentiments de tous les membres de la société.

Pour produire cette conformité, la société adopte une profession de foi, sous le titre de CREDO SOCIALISTE, contenant les principes généraux de la science sociale. (Voir ce *credo*, page 10.)

Chaque associé devra connaître ce *credo* et en professer les principes.

L'unité intellectuelle de la société a encore pour base l'obligation contractée pour tous ses membres, de travailler, chacun selon ses forces, à la propagation, et de ne reculer devant aucun sacrifice pour préparer pacifiquement le triomphe de la cause sociale, et pour accomplir les devoirs de fraternité organisés par la société.

L'unité matérielle de la société consiste dans :

1° LA COTISATION, fixée à 15 cent. par semaine pour les hommes, à 10 cent. pour les femmes.

2° Le classement général des associés, 1° en *groupes* de dix membres (hommes et femmes indifféremment); 2° en *petites séries* de dix groupes; 3° en GRANDES SÉRIES de dix petites séries.

Chaque groupe nomme son chef par élection.

Chaque petite série nomme un président, un vice-président et un secrétaire, également par élection.

Chaque grande série se constitue de même.

Les groupes et les séries sont formés par convenances de quartiers, de relations de familles, de caractères.

Les fonctions du chef de groupe sont :

Recueillir les cotisations.

Distribuer aux membres du groupe les brochures et journaux.

Assembler et présider le groupe toutes les fois qu'il y a lieu.

Distribuer les bons de secours et de consommation.

Servir d'intermédiaire et de représentant aux membres du groupe, dans les relations générales de la société.

Les présidents de séries jouent pour la série le même rôle que les chefs de groupe pour le groupe.

Un lien de solidarité morale est établi entre les associés dans le groupe, entre les groupes dans la série.

Le groupe, la série répondent de leurs membres.

En cas d'abus de confiance de peu de gravité, le groupe répare le mal; en cas d'abus de confiance plus grave, la petite série est engagée, et au besoin la grande série.

En conséquence, le groupe et la série ne sont tenus d'accueillir un membre qu'après renseignements suffisants.

Ils peuvent exclure à la majorité absolue des suffrages, le membre qui a démérité de leur confiance.

Le membre exclu par le groupe peut en appeler à la série.

Dans les cas graves, l'appel peut remonter jusqu'à l'assemblée générale

Des réglements de détail détermineront avec précision tous les cas d'appel.

CONDITIONS D'ADMISSION.

1° Posséder une profession ;

2° Avoir des antécédents honorables ;

3° Connaitre et professer les principes de la société ;

4° Être présenté par deux membres au moins de la société ;

5° Accepter les droits et les devoirs de la société.

CAUSES D'EXCLUSION.

Au nombre des motifs d'exclusion, la société place :

1° Une action d'improbité;

2° Un manque grave aux obligations du secours mutuel ;

3° La négligence à remplir les devoirs d'associé;

4° Une conduite brutale et crapuleuse;

5° La participation à une émeute ; .

6° Des habitudes de paresse et de dissipation.

Indépendamment de cette organisation générale, des comités spéciaux pour chacun des travaux de la société, seront formés.

Ainsi, par exemple, un comité de commerce sera créé pour déterminer les conditions d'achats et d'échanges entre toutes les industries de la société; pour s'occuper du placement, tant à Paris qu'au dehors, de tous les produits, etc.

Un comité d'artistes s'occupera de même de créer des ressources aux artistes de tous genres, musiciens, peintres, graveurs faisant partie de la société.

Un comité d'association interviendra bénévolement dans les ateliers dont les membres feront partie de la société, afin de transformer ces ateliers par le principe de l'association, etc., etc.

Tous les quinze jours environ, un bulletin sera publié et envoyé gratuitement (s'il est possible), à tous les membres de la société.

Ce bulletin contiendra l'exposé de la situation générale, des ressources et des besoins de la société.

Il indiquera les membres de la société qui ont besoin de travail, les industries qui font partie de l'association et à quel prix leurs produits seront livrés aux consommateurs associés.

Il servira en un mot de moniteur de la société et de moyen de communication perpétuel entre tous ses membres.

La présente publication peut être considérée comme un premier numéro de ce bulletin.

DROITS DES ASSOCIÉS.

Les droits des associés sont égaux.

Ils concourent à la formation des groupes et des séries, à l'élection des chefs.

Ils prennent part aux assemblées générales de la société.

Ils reçoivent gratuitement, s'il est possible, le Bulletin.

Ils ont droit aux secours mutuels, — aux avances, — aux bons de consommation, etc.

Comme industriels, comme commerçants, comme ouvriers, ils ont pour clients naturels tous les membres de la société.

Ils sont électeurs et éligibles pour tous les emplois, tous les travaux, toutes les combinaisons de la société.

DEVOIRS.

Paiement exact de la cotisation, placement actif des journaux et brochures.

Apostolat permanent; compte rendu à la société par l'intermédiaire des chefs de groupes et de séries du fruit de leurs efforts.

Présentation et patronnage des nouveaux candidats.

En cas de sujet de mécontentement légitime contre un chef de groupe ou contre un membre, rapport aux chefs de séries.

Disposition générale de dévouement fraternel à l'égard des cosociétaires.

LA COTISATION.

La cotisation, fixée à 15 centimes en minimum, par semaine, est payée le dimanche matin au chef du groupe; le lundi, les chefs de groupes versent le produit collectif entre les mains des chefs de séries, qui le font parvenir le plus tôt possible au Centre.

Le chef de groupe inscrit sur un carnet *paraphé* la cotisation de chaque associé, et lui en délivre reçu spécial, si l'associé le demande.

Le chef de série transcrit sur un cahier relié et *paraphé* les cotisations de groupe, et signe le carnet du chef de groupe au bas de chaque versement.

Un grand livre central reproduit toutes ces listes au siége de la société et sert de contrôle à toutes les opérations de détail.

—

Toute la puissance de la société est fondée sur la bonne organisation du service de la cotisation.

C'est la faiblesse du chiffre de cette cotisation qui assure son rapide développement et son immense fécondité.

La constitution du groupe est la garantie du service de la cotisation. Si le groupe se choisit un chef actif et exact, le versement sera régulièrement fait. Si le versement est régulièrement fait, tout le mécanisme de la société marchera.

Il faut que chaque chef de groupe, et même chaque associé, se dise tous les jours: « Sur *moi* roule tout le succès de notre géné» reuse entreprise. Pourvu que je remplisse mon devoir, tout ira » bien. »

Qu'on calcule en effet les résultats de la seule cotisation.

Le chiffre de rigueur est 15 centimes par semaine. Mais évidemment, tout membre de la société, à qui sa position permet un sacrifice plus grand, s'imposera lui-même au-dessus de 15 centimes, selon ses ressources de chaque jour.

Eh bien! en calculant seulement que chaque cotisation formerait, à la fin de chaque mois, une somme de 50 cent. environ, vingt mille associés donneront une recette fixe de 12,000 fr. par mois à la société. Que de bonnes œuvres sortiront de là!

A ceux qui douteraient de la fécondité des petites cotisations, nous citerons l'expérience de la Société pour la propagation de la foi, qui, avec une simple cotisation d'un sou par personne, réalisait chaque mois des millions ! !

Quel était le but de cette société? Soutenir l'œuvre des missions dans les contrées lointaines.

Eh bien! si pour le salut des Chinois et des Indiens, les chrétiens d'Europe montraient un zèle si persévérant et si unanime, comment les vrais chrétiens de la démocratie, de la fraternité évangélique, feraient-ils moins pour leur propre salut et pour celui de toute l'humanité?

Un mot encore sur la cotisation.

En ce moment de chômage général et de misère profonde, un grand nombre d'ouvriers ne peuvent même pas acquitter la cotisation de 15 centimes. Tous les accommodements conciliab'es avec les besoins de la société sont recommandés aux chefs de groupes.

Recevoir la cotisation en détail, par *sou*, dans le cours de la semaine ;

Engager deux membres du groupe, se connaissant plus intimement, à payer au besoin l'un pour l'autre, à charge de revanche ;

Ouvrir même aux associés un crédit pour une portion de la somme, qui serait acquittée la semaine suivante ;

Enfin, former des listes d'adhérents, qui commenceront à faire partie moralement de la société, jusqu'à ce que leurs ressources leur permettent de s'incorporer dans les groupes payant et fonctionnant.

L'EMPLOI DES FONDS.

Une règle de conduite invariable est adoptée par la société.

C'est de ne jamais entreprendre de spéculation aventureuse, de n'agir qu'avec le moyen certain de réussir, de ne pas compter sur les ressources de l'avenir ; mais de faire seulement ce qui est possible chaque jour avec les ressources existantes ; de cette façon, elle ne s'exposera à aucune déception et à aucun reproche.

Nous espérons faire successivement de très grandes choses ; mais nous n'entreprendrons ces choses que lorsque les moyens de les faire seront dans nos mains, et que la réussite sera évidente; en conséquence, le comité fondateur a décidé dans l'une de ses premières réunions que l'emploi des premiers fonds résultant des cotisations serait réglé de la manière suivante :

1° Achat des carnets et livres d'inscription des associés par groupes et par séries ;

2° Frais d'impression du présent Bulletin;

3° Location d'un local central pour y fixer le siége de la société et achat des meubles indispensables ;

4° Frais de rédaction et d'impression du premier numéro du journal. (Numéro prospectus).

Cette marche prudente jette, il est vrai, quelque lenteur dans nos premiers développements; mais combien plus tard, nous en recueillerons les fruits ? quelle sécurité n'inspirera-t-elle pas à tous les membres de le société ? Quelle confiance au-dehors ?

Au siége de la société, une comptabilité régulière établira constamment sa situation générale et reproduira tous les comptes de séries et de groupes relatifs, soit à la cotisation, soit à l'organisation des secours, soit, enfin, à l'ensemble des opérations de la société.

Un comité de surveillance, composé par voie d'élection générale et qui sera renouvelé tous les trois ou six mois, vérifiera les livres de la Société et rédigera un compte-rendu qui sera inséré dans le Bulletin et envoyé à tous les membres de la société.

LE COLLECTEUR.

Le comité de direction provisoire a décidé que la société nommerait sur-le-champ un collecteur chargé de régulariser et d'activer le fonctionnement de la cotisation.

Le collecteur se présentera régulièrement chaque semaine chez les chefs de groupes et de séries, pour les aider dans leurs fonctions.

Ici devraient figurer :

1° Un extrait des archives de la société indiquant sa constitution : les membres du comité provisoire de Direction, les chefs de séries et de groupes et les listes des associés.

2° Le compte-rendu de la situation financière de la société.

3° L'indication d'un commencement d'organisation de plusieurs comités, notamment d'un service médical, d'un syndicat des associations industrielles, etc.

Mais ce Bulletin devant faire l'office plutôt d'un prospectus développé, que d'un bulletin proprement dit, les documents ci-dessus indiqués seront imprimés à part dans quelques jours et envoyés uniquement aux membres inscrits.

Il a été décidé, en outre, par le Comité provisoire, qu'une demande d'autorisation, conforme à la loi, serait adressée à l'autorité compétente, aussitôt que la réunion d'un nombre suffisant d'adhésions permettrait de fonder définitivement la société.

De plus, le président provisoire de la société a annoncé au Comité, qu'une première démarche avait été faite par lui, pour informer directement l'autorité de son dessein, et pour assurer la plus parfaite sécurité aux premiers efforts des fondateurs.

Il a ajouté que, d'ailleurs, la création du journal de propagation populaire, donnerait à tous les travaux de la société un caractère de publicité et d'organisation inattaquable, et placerait complétement la société au-dessus des difficultés qu'une simple société politique ou industrielle rencontrerait peut-être encore aujourd'hui, particulièrement sous le régime de l'État de Siége.

Le Comité a pensé que cette dernière considération rendait plus urgente encore la création du Journal. Il a décidé que, aussitôt le siége de la société fixé, toutes les ressources de la cotisation et des dons volontaires seraient tournées vers la fondation de ce journal.

LE CREDO SOCIALISTE

OU

Principes généraux d'Organisation sociale et politique.

La première condition de notre œuvre, c'est l'unité.

Unité dans les principes.

Unité dans l'action.

C'est pour réaliser l'unité dans les principes, que le travail suivant a été entrepris.

Ce n'est qu'un projet. Nous le soumettons aux méditations de nos amis, afin que, de ces méditations et de ce projet, s'il y a lieu, sorte la véritable expression des convictions de tous, le drapeau du parti social.

Préambule.

C'est de l'*ignorance*, condition primitive de l'homme et des sociétés, que sortent tous les fléaux qui nous accablent :

L'égoïsme,

La misère,

Les fausses doctrines,

Les lois injustes, etc., etc.

Ces fléaux pervertissent l'homme et le condamnent à d'horribles souffrances !...

Mais une espérance immortelle le soutient !... La souffrance même force l'humanité à développer les ressources de sa nature. Sous l'aiguillon de la nécessité, le travail féconde la terre, crée l'industrie et la richesse ; l'étude mûrit la raison de l'homme, anéantit successivement toute superstition, tout préjugé, toute erreur. Sur les ruines des sociétés subversives, s'élèvent des sociétés moins ignorantes et moins injustes. L'humanité prend possession de sa puissance et déchire le voile qui lui cachait sa véritable destinée.

1.

La Destinée.

L'homme naît libre, intelligent et bon.

Par son intelligence, l'homme marche à la *vérité*.

Par sa liberté, l'homme aspire au *bonheur*.

Par sa bonté, l'homme veut la *justice*.

Vérité, bonheur, justice, voilà les éléments de la *destinée humaine*.

La vérité et la justice sont la route, le bonheur est le but.

2.

La Science.

La vérité pour l'homme, c'est la *science*.

L'empire du monde lui appartient. Tous les ténèbres s'évanouissent devant elle. « La raison de l'homme est » infaillible dans tout ce qu'elle voit clairement et dis- » tinctement. » (DESCARTES.)

Par la science, l'homme sépare le vrai du faux, le juste de l'injuste; il lit dans les profondeurs infinies de l'espace, il lit dans le passé et dans l'avenir.

Par la science, l'homme fait des éléments ses esclaves, il plie toutes les puissances de la nature à l'œuvre de sa destinée.

3.

La Justice.

La justice, c'est le *droit*.

Le droit de l'homme embrasse :

La satisfaction de ses besoins,

La culture de ses facultés,

L'expansion de ses sentiments,

Le perfectionnement de sa nature.

4.

La Société.

Pour réaliser la destinée de l'homme, c'est-à-dire pour le conduire au bonheur par la science et la justice, les forces isolées de chacun ne suffisent pas ; il est nécessaire que l'homme vienne au secours de l'homme.

Cette nécessité de secours mutuel inhérente à notre nature, est la base vraie de la société.

L'état de nature pour l'homme est donc l'état social.

Le bonheur de chacun repose donc sur le concours des efforts de tous.

§.

On objecte que la contradiction et la guerre apparaissent entre tous les éléments de la vie universelle. Le plus fort écrase le plus faible ; les êtres se dévorent entre eux.

Oui, mais cette loi mystérieuse de la fatalité s'arrête au seuil de l'âme humaine.

Avec la liberté et l'intelligence commence l'amour du vrai et du juste qui donne aux actions de l'homme toute leur valeur morale.

D'ailleurs, c'est au nom de la nécessité, répétons-le, que la loi du secours mutuel s'impose à nous.

Voici les faits :

Abandonné à lui-même, chaque homme pourvoirait à peine et misérablement à ses premiers besoins physiques, loin de s'élever au bien-être et au luxe, véritables conditions de sa nature.

Il vivrait encore moins par l'intelligence, sans le concours des lumières de ses semblables, sans un échange perpétuel d'idées.

Pour donner satisfaction à ses sentiments, à ses *besoins d'aimer*, l'homme réclame une famille, des amis, une patrie, l'humanité tout entière.

Ainsi, pas une face de la vie humaine, corps, intelligence et cœur, sur laquelle ne s'étende la loi de solidarité, sur laquelle ne pèse l'obligation réciproque du secours.

5.

La Solidarité.

La loi de solidarité qui lie la destinée des hommes, embrasse :

Toutes les générations successives,

Tous les membres d'une nation,

Toutes les nations du globe.

En effet :

1° Chaque génération transmet à l'avenir le fruit de ses travaux et achemine l'humanité vers son but. « L'humanité est comme un seul homme qui vit toujours et qui apprend sans cesse. » (PASCAL.)

Ce mouvement continu des générations s'appelle le *progrès*.

2° Chaque individu, chaque famille, chaque classe d'une nation vivant constamment sur le fonds des efforts communs, ne sauraient échapper aux conditions et aux obligations communes.

3° Chaque nation forme aussi comme un seul homme qui, par ses ressources, ses idées et ses institutions, influe plus ou moins sur le sort des autres peuples et concourt à la réalisation des destinées générales.

Cette religieuse solidarité des générations, des citoyens et des peuples, constitue le dogme de l'unité humaine et impose à notre raison comme à notre cœur le sublime précepte du Christ : FRATERNITÉ UNIVERSELLE.

6.

Les Institutions sociales.

Secours mutuel, garantie réciproque du droit, solidarité de bonheur et de malheur, on ne saurait trouver d'autre principe légitime aux institutions sociales et aux lois.

Cependant, jusqu'à ce jour, les lois, au lieu de garantir à chaque homme la jouissance de ses droits naturels, c'est-à-dire la satisfaction de ses besoins, la culture de son esprit, l'expansion de ses sentiments, le perfectionnement de sa nature; les lois ont oublié ou détruit ces droits à l'égard de l'immense majorité des hommes. Ces lois étaient injustes.

Or, toute loi injuste, toute violation du droit, produit la haine entre les hommes et prépare des vengeances.

Voilà pourquoi les sociétés de l'esclavage et du prolétariat périssent.

Voilà pourquoi tout despotisme s'abîme dans une révolution.

UNE SEULE SOCIÉTÉ EST POSSIBLE, LA SOCIÉTÉ DE LA JUSTICE.

7.

Le Droit et le Devoir.

La justice sociale a deux faces : le *droit* et le *devoir*.

Respecter et servir le droit de chacun, voilà le devoir de tous.

Respecter et servir le droit de tous, voilà le devoir de chacun.

Le devoir n'est que la réciprocité du droit.

La nature ne créant pas d'homme qui puisse se passer du secours des autres hommes, aucun être humain ne vit au-dessus ni au-dessous du droit et du devoir.

Quiconque ne posséderait pas de droit, n'aurait pas de devoir.

8.

Le Droit commun.

De cette conception absolue du droit et du devoir, il résulte :

Que le seul droit légitime de chaque homme, fondé

sur les conditions de sa nature, c'est le DROIT COMMUN à tous ;

Que tout privilége de droit ou de devoir attribué à certains hommes, est un attentat contre le droit commun ;

Que tous les progrès accomplis violemment ou pacifiquement dans l'ordre politique et social, n'aboutissent pas à autre chose qu'à la destruction des priviléges et à la constitution du droit commun.

Tels sont les principes supérieurs proclamés par toutes les théories socialistes ; nous allons en déduire :

1° Le dogme social ;

2° Le dogme politique ;

3° Les réformes transitoires d'une application immédiate.

DOGME SOCIAL.

9.

Le Droit de vivre.

La première expression du droit commun, le résumé de tous les droits naturels et sociaux , c'est *le droit de vivre.*

Le droit de vivre vient de Dieu. Il précède toute loi humaine. Chacune des puissances de l'être le proclame, l'exige.

Mais la vie de l'homme n'est pas celle de la plante ou celle de l'animal. Elle embrasse tous les éléments de sa nature, le corps, l'intelligence, le cœur.

Garantir à l'homme son droit de vivre selon la dignité de sa nature, voilà toute la science sociale.

Le droit de vivre comprend donc tous les droits.

10

Le Droit au travail.

Tous les moyens fournis par la nature à l'homme, pour soutenir et développer sa vie, peuvent être ramenés à un seul, le TRAVAIL.

Le travail, au fond, c'est la vie elle-même.

Action, production, travail, vie, sont une même chose ; inaction, stérilité, paresse, mort, aboutissent au même point.

Pas d'agriculture, pas d'industrie, pas de science, pas de progrès sans travail.

Réclamer pour tout homme le droit au travail, c'est réclamer son droit à la vie, au bien-être du corps et de l'esprit, à la liberté, au bonheur.

11.

La Propriété.

Le but général du travail, c'est la production des richesses.

La richesse produite forme la propriété du producteur.

Le droit de propriété n'est donc que le droit de jouir des fruits de son travail.

La garantie des fruits du travail est sacrée au même titre que le travail lui-même.

La propriété première de chaque homme, c'est la libre disposition de son âme, de ses organes, de ses facultés ; en deux mots, c'est le droit de vivre.

La seconde, qui ne tire sa légitimité que de la première, c'est la libre disposition des fruits de son travail.

12.

L'instrument de travail.

Pourquoi dire : *droit au travail*, quand le travail est l'obligation, la nécessité de la vie ?

Parce que pour atteindre au but du travail, qui est la production, il ne suffit pas de vouloir, il faut au travailleur *l'instrument*.

L'instrument du travail humain est double : *intellectuel* et *matériel*.

L'instrument intellectuel de travail réside dans :

1° L'éducation ;

2° L'apprentissage des métiers, des arts, des fonctions, etc.

L'instrument matériel consiste dans :

La terre, les outils, les machines, les matériaux, l'argent ; ou, pour tout réduire à un mot, dans *le capital*.

Droit au travail signifie donc :

1° Droit à l'éducation générale et professionnelle ;

2° Droit au capital, ou garantie perpétuelle du travail.

13.

Liberté du travail.

Mais dans les sociétés avancées, le capital est *approprié*, c'est-à-dire appartient exclusivement à une partie des hommes.

Comment concilier cette possession exclusive de quelques-uns, avec le droit et la garantie de travail pour tous ?

Si le travailleur attend du bon plaisir du capitaliste son instrument de travail, le travail n'est ni libre ni assuré : le peuple vend sa vie au rabais ; sa misère est incurable, son affranchissement impossible. C'est le régime du *salariat*, dernière forme de l'esclavage sur la terre.

Si le capital est livré au travailleur malgré la volonté du possesseur, la libre disposition des fruits du travail est détruite. La guerre sociale éclate.

Entre ces deux abîmes, il y a un monde.

Ce monde, c'est l'Association.

14.

L'Association.

L'association est un contrat librement consenti entre un certain nombre d'hommes, et, par conséquent, basé sur le droit commun, afin d'atteindre un même but par l'union des forces et des ressources et pour le plus grand avantage possible de chacun des associés.

L'association n'est pas seulement le terme de conciliation entre le capital et le travail, elle ouvre la seule route possible vers la JUSTICE PARFAITE et vers la FRATERNITÉ par la destruction de la misère.

15.

Destruction de la Misère.

Donner à chaque homme la garantie du travail, n'est rien encore, si vous laissez le travailleur isolé, réduit à ses propres forces et luttant contre tous.

La garantie du travail avec l'isolement des intérêts ne serait que la garantie de la misère et de l'abrutissement. On n'aurait fait que rendre moins inégale la guerre universelle des producteurs, *la concurrence anarchique.*

La solidarité est la condition absolue de la vie humaine : nous l'avons démontré.

L'union fait la force.

Dix hommes travaillant de concert, produisent, non pas comme s'ils travaillaient isolés, mais le double.

Vingt hommes associés produisent plus que soixante abandonnés à eux-mêmes.

Pour cent, pour mille travailleurs, la progression ne fait que grandir.

Pourquoi ?

1° Parce que l'association économise les ressorts, les instruments, les matériaux, tous les frais ;

2° Parce qu'elle organise toutes les forces unitairement et tire de chacune le meilleur parti possible ;

3° Parce que la concentration des ressources crée une puissance de moyens que les ressources isolées ne sauraient atteindre ;

4° Parce que l'association reposant sur la liberté et

tenant compte à chaque travailleur de ses efforts personnels, l'émulation, la bonne concurrence, loin de s'éteindre, grandit et exalte jusqu'à son apogée l'énergie du travailleur ;

5° Parce que cette *bonne concurrence*, tout à l'opposé de la *concurrence anarchique* qui détruit les forces et les richesses les unes par les autres, aboutit au bien général de la production et profite aux vaincus eux-mêmes.

L'association est donc la loi scientifique de la production des richesses.

16.

L'Association partielle.

Pour éteindre le paupérisme, suffit-il d'associer entre eux les membres de chaque atelier ?

Non.

Suffit-il d'associer les ateliers d'une même profession?

Non.

Suffit-il d'associer entre elles toutes les professions industrielles ?

Non.

L'association dans l'atelier, dans une profession, dans l'industrie entière, ne saurait remédier aux souffrances de tout le corps social et, par conséquent, assurer à l'industrie elle-même l'écoulement de ses produits. Elle ne préviendrait donc pas les chômages.

Elle ne rendrait pas le travail plus doux et plus salubre.

Elle laisserait subsister la guerre entre l'industrie et les autres branches de l'activité sociale : l'agriculture, le commerce, les fonctions publiques, les arts, etc.

Elle reconstituerait les castes et opposerait un éternel obstacle à l'unité sociale.

17.

L'Association intégrale.

C'est l'agriculture, mère nourricière de l'humanité,

source première de la vraie richesse, qui doit être la base de la solidarité sociale.

C'est en combinant les travaux de l'agriculture avec ceux de l'industrie, avec le commerce, avec les arts, etc., qu'on garantira le travailleur contre les chômages;

Que chaque industrie, chaque homme uni d'intérêt avec tous les autres, concourra au développement régulier de toutes les branches de production par une consommation toujours croissante.

C'est en ramenant l'homme vers la nature et en variant ses occupations, qu'on le retrouvera bon, fort et intelligent, ainsi qu'il sort des mains de Dieu, et que le travail transformé deviendra aussi noble et aussi *attrayant* qu'il a été, dans le monde de la misère, odieux et méprisé.

18.
La Commune.

Cette association immense de tous les éléments de la production et de la consommation générale, apparaît d'une pratique facile et simple, si on en pose le premier degré dans la commune.

La commune est un petit monde.

Toutes les fonctions essentielles de la vie sociale y sont résumées.

Organisons l'association intégrale dans la commune; puis, considérant la commune comme un seul travailleur, nous l'associerons aux autres communes qui l'environnent.

De l'unité de canton par l'association des communes, nous monterons à l'unité de province, de l'unité de province à l'unité de la République.

Bientôt débordant sur le monde, la République sociale conviera, par son exemple, tous les groupes de la famille humaine à briser leurs chaînes et à prendre place au banquet de la fraternité.

§.

Voilà le dogme social dans ses notions premières :

Droit de vivre,

Droit au travail,

Liberté du travail,

Organisation du travail par l'association.

Tant que les sociétés ne seront pas constituées de la base au sommet sur ce dogme, la loi de la force brutale les dominera ; l'homme demeurera le jouet de la fatalité : les révolutions seront suspendues sur nos têtes.

19.

LE DOGME POLITIQUE.

Les droits sociaux ont pour sauvegarde, pour bouclier, les *libertés politiques*, savoir :

La liberté de la presse,

La liberté d'association,

L'égalité devant la loi,

L'admission de tous les citoyens aux emplois publics,

L'abolition de tous les titres nobiliaires et de tous les priviléges d'argent,

Le suffrage universel.

Les libertés politiques, premières conquêtes des révolutions, fondent les gouvernements justes et préparent les transformations sociales.

20.

Le Gouvernement.

Mille formes de gouvernement ont pesé sur le monde et le dominent encore.

La première entre toutes les nations, la France possède un gouvernement légitime, c'est-à-dire un gouvernement émanant du droit de tous, et qui organisera toutes les libertés.

Les gouvernements sont faits pour les peuples et non les peuples pour les gouvernements.

Dans le passé, gouverner signifiait comprimer et exploiter.

En ce sens, tout ce qui était perdu pour le gouvernement était gagné pour la liberté.

Mais gouverner signifie véritablement :

Protéger et diriger.

Protéger tous les droits, diriger toutes les forces.

21.

Le Suffrage.

Le gouvernement appartient aux plus dignes.

Le moyen légitime de constituer le gouvernement à tous ses degrés, c'est l'élection par voie de suffrages.

L'élection est bien faite quand les électeurs,

1° Ont intérêt à bien choisir,

2° Connaissent la fonction qu'il s'agit de diriger,

3° Connaissent l'homme qu'ils choisissent.

En matière d'élection, la majorité fait loi et doit être obéie ; mais elle ne suppose ni la vérité ni la justice absolue.

L'ignorance formant le point de départ de l'humanité, l'homme de génie qui découvre une vérité ou proclame le premier un droit, est d'abord seul contre tous. Il meurt martyr.

Peu à peu une minorité se groupe autour de l'idée nouvelle ; puis, à force de luttes, la minorité d'hier devient la majorité de demain.

Toutes les constitutions sociales doivent donc s'agrandir et se transformer progressivement.

En fait, il faut que la majorité gouverne, mais sans briser le droit de la minorité : il n'est pas plus juste d'opprimer la minorité que d'opprimer la majorité.

La République est le règne du droit de tous : voilà son caractère de légitimité absolue.

De même, le caractère de la justice absolue d'une loi, c'est d'être juste pour tous sans exception.

Le caractère de la bonté, de la moralité absolue d'un acte, c'est d'être utile à tous.

22.
L'Ordre et la Liberté.

La politique, ou art de gouverner, repose sur deux principes :

L'ordre,

La liberté.

Jusqu'ici, ces deux principes luttèrent l'un contre l'autre. L'ordre ne résultait que de la compression des libertés, de la négation des droits : c'était l'ordre faux.

« L'ordre règne à Varsovie ! »

« L'ordre est rétabli à Milan ! »

C'est l'ordre faux qui produit toutes les explosions de la liberté.

L'ordre vrai grandira par le développement même de la vraie liberté.

Quand le droit social sera constitué, l'anarchie disparaîtra du monde ; un ordre inébranlable lui succèdera.

23.
Liberté, Égalité, Fraternité.

La politique juste a été résumée par nos pères dans cette formule :

Liberté, Égalité, Fraternité.

Liberté voulait dire affranchissement du triple despotisme féodal, monarchique et sacerdotal.

Égalité signifiait destruction des castes, jouissance pour tous des droits politiques ;

Fraternité était le cri d'amour d'un peuple régénéré et libre ; il marquait l'idéal religieux de la République.

Mais l'idée révolutionnaire s'est mûrie.

A chaque génération son œuvre. Nous marchons, nous, à la conquête du dogme social.

Que seraient, en effet, ces mots sublimes, liberté, égalité, fraternité, sans la révolution sociale ?

Un mensonge.

Celui-là est-il vraiment libre que la misère enchaine, que l'ignorance dégrade, que la faim livre sans défense au despotisme de l'argent ?

A quoi sert l'égalité politique, quand la fortune, partage du petit nombre, ouvre seule l'entrée des carrières brillantes , donne seule bien-être et considération ; quand la pauvreté marque d'un cachet de mépris et de brutalité les travaux abandonnés à la multitude?

Enfin où trouver la Fraternité dans un monde voué par sa constitution sociale à la lutte, à la haine, à la trahison; où le vieillard et le faible sont abandonnés sans pitié ; où la concurrence anarchique, les fourberies commerciales empoisonnent toutes les relations, où l'hypocrisie des sentiments et l'égoïsme effréné empoisonnent toutes les âmes.

24.

S'arrêter aux libertés politiques serait donc une illusion; mais aussi, espérer la réalisation du droit social par une autre voie que celle des libertés politiques, serait une dangereuse folie.

Gardons précieusement ces saintes libertés, conquises avec le sang du peuple. Sous leur impulsion puissante, l'humanité marchera à pas de géant vers sa destinée de justice et d'harmonie.

Songer à l'arrêter, ce serait vouloir arrêter le soleil !

Il manque à ce travail un complément nécessaire.

C'est l'indication des réformes générales devant être immédiatement accomplies ; c'est-à-dire un véritable programme de gouvernement pour un ministère représentant les principes socialistes.

Ce complément sera terminé bientôt, et joint au Credo lors de sa prochaine publication.

Le Président provisoire : H. DAMETH.

Imp. de Madame De Lacombe, rue d'Enghien, 12.